Dedicado a

Daniela

Por

el amor que le tenemos

Fecha

24.07.22

Dios te ama y su amor es
grande e incondicional
Que tu anhelo sea conocer
mas de Dios y de su amor
que sobrepasa todo entendimiento.
El es el camino, la verdad y
la vida.
El bautizo es un acercamiento
a Dios, y en este camino que
has iniciado siempre estaremos
disponibles a acompañarte y
apoyarte, te amamos.

Alex y Silvia

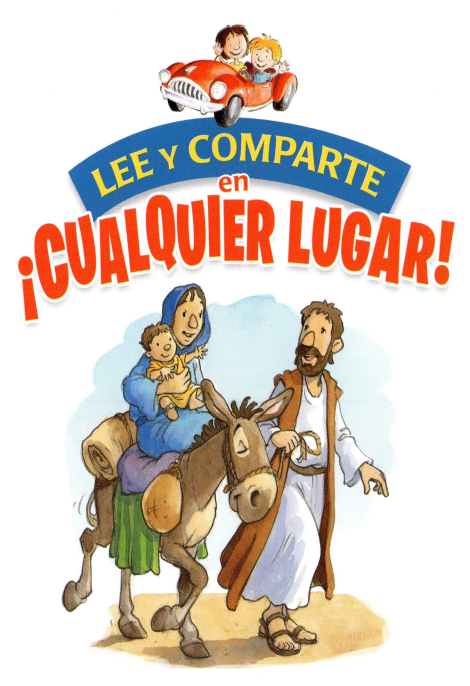

LEE Y COMPARTE en ¡CUALQUIER LUGAR!

Por Gwen Ellis

Ilustrado por Steve Smallman

PATMOS

Lee y comparte en ¡cualquier lugar!

©2020 por Editorial Patmos

Publicado por Editorial Patmos, Miami, FL 33169.

Publicado originalmente por Thomas Nelson, con el título *Read and Share Anywhere!*
©2019 por Thomas Nelson. Thomas Nelson es una marca registrada de HarperCollins Christian Publishing, Inc.

Historias relatadas por Gwen Ellis

Ilustraciones por Steve Smallman

Obras de Gwen Ellis © 2008, usadas con permiso.

Obras por June Ford ©, usadas con permiso.

Obras por Laura Minchew ©, usadas con permiso.

Traducido al español por Abigail Bogarín

Adaptación del diseño en español por Adrián Romano

ISBN: 978-1-64691-108-0

Impreso en Brasil | *Printed in Brazil*

Estimados padres,

Pasar tiempo de calidad juntamente con tu familia es fácil y divertido con este libro de 75 historias clásicas de la Biblia. Incluso sobre la marcha, puedes crear recuerdos mientras ayudas a tus hijos a descubrir más acerca de Dios y su Palabra para crecer juntos en la fe como familia.

Cada sección de historia bíblica contiene una querida historia bíblica, preguntas de "Leer y compartir juntos" que inspirarán una conversación más profunda y respuestas más reflexivas a la historia bíblica, y una oración.

Mi oración es que, aunque nuestra vida es tan atareada y abrumadora algunos días, puedas comenzar con tu familia una tradición de pasar tiempo juntos que les dará mucha alegría, incluso después de haber terminado este libro.

Bendiciones,
Gwen Ellis

CONSEJOS

- Elije una historia bíblica a la semana para leer y discutir con tus hijos o la clase. Cuanto más discusiones divertidas y animadas haya, más tus hijos responderán, escucharán y esperarán con ansias la próxima vez juntos.

- Lee las historias, preguntas y oraciones de una manera memorable. Luego anima a tus hijos a actuar las escenas bíblicas usando diferentes voces para los diferentes personajes.

- Pide que los niños mayores participen como lectores.

- Anima a los niños a hablar sobre el tema durante la hora de la comida, el tiempo de conducción, etc., durante toda la semana.

- Pide a cada niño que piense cómo el tema se relaciona con su vida, y luego anímalo a ponerlo en práctica.

- Procura crear actividades divertidas (que pueden incluir juegos, crear artesanías, hornear, o discutir acerca del tema) durante la semana.

CONTENIDO

Historias del Antiguo Testamento

Historias del Nuevo Testamento

DIOS LOS CREÓ A TODOS

Génesis 1

Dios, en el principio, creó los cielos y la tierra. Y Dios dijo; "¡Que exista la luz!" Dios la llamó día. Y a las tinieblas, llamó noche. Dios separó el firmamento del agua. Entonces Dios hizo lagunas y océanos y lagos y cascadas y ríos. Y Dios dijo: "Que haya

vegetación. Que haya un sol en el firmamento durante el día y una luna y estrellas en el cielo durante la noche". También, Dios hizo las estaciones, y fue bueno. Dios dijo: "Que rebosen de seres vivientes las aguas. Que vuelen las aves sobre la tierra. Que produzcan la tierra seres vivientes". Y cada vez que Dios dijo: "Que haya… ¡sucedió!

Oración

Querido Señor, gracias por crear nuestro hermoso mundo y todos los animales, pájaros y peces. También, gracias por el sol, la luna y las estrellas. Amén.

ADÁN Y EVA

Génesis 2:7-9, 15-22; 3:20

Dios nombró al primer hombre Adán. Dios puso a Adán en un hermoso jardín. Le dio todos los animales. Le dio todos los peces y los pájaros también. Después Dios le dio a Adán una cosa más.

Leer y compartir juntos

¿Dónde vivieron Adán y Eva?

¿Qué Dios dio a Adán?

Dios hizo que una mujer fuera la esposa de Adán para que no estuviera solo. Adán nombró a su esposa Eva. Dios hizo a Adán y a Eva conforme a su imagen. En el séptimo día, Dios descansó de toda su obra. Y Dios dijo que todo era "¡Muy bueno!"

Oración

Querido Señor, gracias por crear un mundo hermoso donde tu pueblo viva, y por amarnos tanto que nos das familia y amigos para compartir tu mundo. Amén.

LA SERPIENTE ASTUTA

Génesis 2:16-17; 3:1-6

Dios dio a Adán y Eva un mandato. "Puedes comer de todos los árboles del jardín, pero del árbol del conocimiento del bien y del mal no deberás comer." Una antigua serpiente astuta vino y dijo

Leer y compartir juntos

¿Qué animal engañó a Adán y Eva?

¿Cómo se llama cuando desobedecemos a Dios?

a Eva: "Cuando coman de ese árbol, se les abrirán los ojos y lle-
garán a ser como Dios". Así que Eva comió el fruto y le dio algo
a Adán. Y él también se lo comió. Adán y Eva desobedecieron
a Dios, y esto se llama pecado. Debido al pecado, Adán y Eva
enfrentaron consecuencias.

Oración

Querido Señor, por favor ayúdame a obedecerte siempre.
Por favor, ayúdame a decir no al pecado porque quiero
obedecerte todos los días de mi vida. Amén.

FUERA DEL JARDÍN

Génesis 3:8-24

Una tarde Dios vino a visitar a Adán y Eva. Pero ellos se escondieron. Cuando Dios los encontró, les preguntó: "¿Qué has hecho?"

Leer y compartir juntos

¿Por qué Adán y Eva se escondieron de Dios?

¿Cómo se sintió Dios por lo que Adán y Eva hicieron?

Adán le contó todo a Dios. Dios estaba triste. Por haber desobedecido a Dios, Adán y Eva tuvieron que abandonar el hermoso jardín. Cuando estaban fuera del jardín, Adán y Eva tuvieron que trabajar muy duro para cultivar alimentos.

Oración

Querido Señor, no quiero entristecerte.
Por favor, ayúdame a no esconderme de ti
y a obedecer siempre tus mandatos. Amén.

EL ARCA DE NOÉ

Génesis 7:1-4, 12; 8:1-19

Dios le dijo a Noé que construyera un arca, a veces llamado el arca de Noé. Luego le dijo a Noé que llenara el arca con su familia y una pareja de cada animal. Noé obedeció a Dios. Llovió durante cuarenta días y cuarenta noches. Después de la lluvia, ¡todavía había agua por todas partes! Todos y cada ser viviente en esa arca practicaron la paciencia mientras esperaban el día

Leer y compartir juntos

¿Por qué Dios quiso que Noé construyera un arca?
¿Qué clase de ave Noé envió para que encontrara tierra seca?

para poder salir del arca. Un día Noé fue a la parte superior del arca y abrió la ventana que había hecho. Envió una paloma para ver si podía encontrar tierra firme. Si la encontrara, podrían salir del arca. La paloma regresó porque no podía encontrar un lugar seco donde posarse. Noé esperó siete días y envió a la paloma de nuevo. Esta vez regresó con una ramita de olivo en el pico. Esperó siete días más y volvió a soltar a la paloma, y esta vez la paloma ya no regresó. Noé sabía que eso significaba que la paloma había encontrado un hogar seguro, porque el suelo se estaba secando. Pronto Noé y su familia podrían bajar del arca. Su espera habría terminado.

Oración

Querido Señor, cuidaste a Noé, a su familia y a los animales durante el Gran Diluvio. Gracias por cuidarme ahora así como cuidaste a Noé. Amén.

EL ARCO IRIS

Génesis 8:18-22; 9:1-17

Cuando todos salieron del arca, Noé construyó un altar. Él agradeció a Dios por mantenerlos a salvo. ¡Entonces pasó algo

maravilloso! Dios puso un hermoso arco iris en el cielo e hizo una promesa a Noé: "Nunca más volveré a maldecir la tierra". Cuando Dios hace una promesa, la cumple.

Oración

Querido Señor, gracias por enviarnos un hermoso arco iris en el cielo para recordarnos tus promesas. Gracias por cumplir todas tus promesas en la Biblia. Amén.

BABEL

Génesis 11:1-9

Muchos años más tarde había mucha gente en la tierra. Todos hablaban el mismo idioma. Algunas personas que vivían en la ciudad de Babel se volvieron muy orgullosas. "Construyamos

¿Qué ciudad se volvió muy orgullosa?
¿Qué pasó con la gente que estaba
construyendo la torre?

una ciudad con una torre que llegue hasta el cielo. Nos haremos famosos". Dios los hizo hablar diferentes idiomas para que no pudieran hablar entre sí. Porque no podían entenderse, dejaron de construir la torre.

Oración

Querido Señor, tú eres el único Dios verdadero.
Gracias por ayudarme a entender y respetar
lo grande que eres. Amén.

LA TIERRA PROMETIDA

Génesis 12:1-9

Dios dijo a Abram que se mudara a un nuevo lugar. Abram no tenía mapa. Dios dijo: "Vete a la tierra que te mostraré". Abram empezó a caminar. Llevó a su esposa, a su sobrino y sus sirvientes

Leer y compartir juntos

¿A quién llevó Abram en su viaje?

¿A qué nueva tierra viajó Abram?

con él. Cuando Abram y su familia llegaron a una tierra llamada Canaán, Dios dijo: "Este es tu nuevo hogar. Yo le daré esta tierra a tu descendencia".

EL HERMANO ENOJADO

Génesis 25:27-34; 27:1-37, 43-44

Esaú y Jacob eran hermanos. Esaú era el mayor, lo que signifi-caba que cuando la propiedad de su padre fuera dividida, Esaú llevaría la mayor parte. Esto se llamaba sus "derechos de hijo mayor". Un día Jacob hizo sopa mientras su hermano, Esaú, iba a cazar. Cuando Esaú llegó a casa, tenía mucha, mucha hambre. "Dame de comer de ese guiso rojizo", dijo Esaú. "Te cambiaré

Leer y compartir juntos

¿Qué cocinó Jacob?

¿Por qué Esaú se enojó contra Jacob?

un poco de sopa por tus derechos de hijo mayor", respondió Jacob. Tontamente, Esaú accedió al comercio. El padre de ellos dio el derecho de hijo mayor de Esaú a Jacob. Más tarde, Esaú pensó, *que ese intercambio fue un gran error. ¡Mi derecho de hijo mayor vale más que un plato de sopa!* Esaú se enojó mucho. Su ira hizo temer a Jacob. Jacob se fue lejos a la casa de su tío, y Jacob no volvió a casa por mucho tiempo.

Oración

Querido Señor, cuando estoy enojado, ayúdame
a recordar que debo mantener la calma y
pensar en lo que digo y hago. Amén.

LA TÚNICA DE JOSÉ

Génesis 37:3, 12-28

Jacob dio a José una hermosa túnica con mangas largas. Esto puso celosos a sus hermanos.

Un día Jacob dijo: "José, quiero que vayas a ver a tus hermanos". Así que José se fue. Sus hermanos lo vieron venir, dijeron: "Ahí viene ese soñador".

"Vamos a deshacernos de él". Los hermanos odiaban a José. Pero uno de ellos dijo: "No lo matemos. Vamos a tirarlo en esta cisterna". Él planeaba rescatar a José más tarde. Así que

Leer y compartir juntos

¿Quién dio a José la hermosa túnica?

¿Qué le hicieron los hermanos de José?

le arrancaron la túnica a José y lo arrojaron a la cisterna. En ese momento, algunos hombres montados en camellos pasaron por allí. "Oigan", dijo uno de los hermanos, "vamos a venderlo para ser un esclavo". Así vendieron a su propio hermano.

Oración

Querido Señor, cuando me sienta celoso, por favor ayúdame a ver que has bendecido a todos tus hijos de muchas maneras y con dones especiales. Amén.

EL NIÑO MOISÉS

Éxodo 2:3-10

El rey de Egipto hizo una ley que decía que los niños hebreos debían ser arrojados al río. Pero una mujer hebrea decidió esconder a su bebé del malvado rey. Así que ella buscó una cesta y la preparó para que el agua no pudiera entrar. Luego puso al niño en la cesta y puso la cesta en el río. La hermana mayor del

Leer y compartir juntos

¿Por qué la madre quiso esconder a su niño?

¿Quién encontró al niño Moisés y le puso nombre?

niño, Miriam, se quedó cerca para ver qué pasaría. Dios estaba cuidando al niño. Cuando la princesa bajó al río a bañarse, vio la cesta. "Ve a tomar esa cesta", dijo a una criada suya. La princesa miró dentro de la cesta. Justo en ese momento el niño lloró, y ella sintió compasión por él. La princesa decidió tomar al niño como su hijo. Ella lo llamó Moisés.

Oración

Querido Señor, gracias por cuidarme siempre
y salvarme del mal. Amén.

MOISÉS Y LA ZARZA QUE ARDÍA

Éxodo 2:11-3:12

Moisés fue criado como príncipe de Egipto. Pero cuando creció, Moisés hizo algo muy malo. Mató a otro hombre. Moisés huyó y fue a vivir en el desierto. Se casó con una dama llamada Séfora.

Un día, cuando Moisés fue con las ovejas, vio una zarza en el desierto. Había una llama de fuego en medio de la zarza, pero no se quemaba. Moisés fue a ver este fuego extraño. Dios habló con Moisés de en medio del fuego. "No te acerques. Quítate tu calzado. Estás en tierra santa." Moisés tuvo

Leer y compartir juntos

¿Qué vio Moisés mientras cuidaba de las ovejas?

¿Qué Dios pidió a Moisés hacer por su pueblo?

miedo. Se cubrió la cara. Dios dijo: "Ve, saca de Egipto a mi pueblo". "No puedo hacer eso", respondió Moisés. Pero Dios prometió ayudar a Moisés a guiar al pueblo.

Oración

Querido Señor, gracias por ayudarme todo
el tiempo, especialmente cuando me pides
que haga cosas difíciles. Amén.

EL REY DICE NO

Éxodo 4:29-5:9

El pueblo de Dios, los israelitas, eran esclavos en Egipto. Cuando los israelitas oyeron que Dios había enviado a Moisés para ayudarlos a obtener su libertad del rey de Egipto, se alegraron y agradecieron a Dios por recordarlos. ¡Pero entonces las cosas no salieron como esperaban! El rey no les daría su libertad. En

Leer y compartir juntos

¿Qué hizo infeliz a los israelitas?

¿Qué no entendieron los israelitas?

cambio, ¡el rey los hizo trabajar más duro! Ahora incluso tuvieron que recoger su propia paja para hacer ladrillos. Eso debe haber hecho a los israelitas gruñones e infelices con Dios y Moisés. Los israelitas no entendían que todo esto era parte del plan de Dios para liberarlos.

Oración

Querido Señor, por favor ayúdame a no quejarme
o lamentarme. Ayúdame a estar satisfecho y
alegre con un corazón lleno de gozo. Amén.

LAS PRIMERAS PLAGAS DE EGIPTO

Éxodo 7:14-9:7

Dios dijo a Moisés: "Anda a verlo por la mañana. Espéralo a orillas del río. Dile: "Deja ir a mi pueblo, o el río se convertirá en sangre". Por supuesto, el rey dijo que no. Así que el hermano de Moisés, Aarón, golpeó las aguas con su vara, y el río se convirtió en sangre. Olía horrible, y no había agua para que el pueblo bebiera. Moisés pidió de nuevo al rey que liberara al pueblo de Dios. El rey dijo

Leer y compartir juntos

¿Qué pidió Moisés al rey?
¿Qué plagas Dios envió a Egipto?

que no. Así que Dios envió ranas. ¡No sólo una o dos, sino más de las que se podían contar! Las ranas entraron en las casas, en las camas, en la comida y en los hornos. Las ranas eran repulsivas, y estaban por todas partes. El rey aún dijo que no. Entonces Dios envió piojos que iban de una a todas las personas. La siguiente plaga que Dios envió fueron millones de moscas. Estaban por todas partes. Las vacas se enfermaron y murieron.

Oración

Querido Señor, ayúdame a obedecerte siempre cuando me pidas que haga algo por ti. Amén.

UN CAMINO SECO

Éxodo 14:5-31

Moisés sacó al pueblo de Dios de Egipto y lo guió a las orillas de un inmenso mar llamado el Mar Rojo. No había manera de cruzar al otro lado del mar. Y para empeorar las cosas, el rey de Egipto había cambiado de opinión y enviado a su ejército para capturarlos. El pueblo de Dios pensó que estaban atrapados. Pero Dios estaba con ellos. Dios puso una columna de nube detrás de ellos para ocultarlos de los egipcios. Le dijo a Moisés

Leer y compartir juntos

¿Qué Dios puso detrás de los israelitas
para ocultarlos de los egipcios?
¿Qué hizo Dios al mar?

que levantara la mano sobre el mar. Dios envió un viento que dividió las aguas e hizo un camino en medio del mar. ¿Y sabes qué? Ese camino estaba seco. Las personas ni siquiera tenían sus sandalias embarradas mientras caminaban a salvo hacia el otro lado. ¡Sólo Dios puede hacer un milagro como ese! ¡Y sabías que cuando el ejército egipcio trató de usar el camino, las aguas volvieron a juntarse! Y ese fue el fin del ejército del rey.

Oración

Querido Señor, ayudaste a tu pueblo a cruzar el Mar Rojo. Yo sé que tú también puedes cuidarme. Gracias por amarme. Amén.

LOS DIEZ MANDAMIENTOS

Éxodo 20:2-17; 24:12-18; 31:18

Después de ayudar a los israelitas a escapar de Egipto, Dios condujo a su pueblo a través del desierto. Dios los amaba. Se aseguró de que su pueblo tuviera suficiente comida y agua. Un día Dios llamó a Moisés a subir a la cima de una montaña para hablarle. Allí Dios entregó a Moisés los Diez Mandamientos, diez leyes, para que el pueblo supiera cómo Dios quería que ellos vivieran. Dios escribió las leyes sobre tablas de piedra con su propio dedo.

Los Diez Mandamientos

1. Dios es el único Dios verdadero. No tengas otros dioses además de mí.
2. No te hagas ningún ídolo. No te inclines delante de ellos ni los adores.

Leer y compartir juntos

¿Qué usó Dios para escribir los Diez Mandamientos en tablas de piedra?
¿Por qué dio Dios leyes a su pueblo?

3. No uses el nombre de Dios en falso.

4. Acuérdate del sábado, para consagrarlo.

5. Honra a tu padre y a tu madre.

6. No mates.

7. Los esposos y las esposas deben ser fieles el uno al otro.

8. No robes.

9. No digas mentiras.

10. No desees las cosas de otra persona.

Oración

Querido Señor, gracias por la Biblia.
Ayúdame a vivir siempre según tus leyes. Amén.

DOCE EXPLORADORES

Números 13:1-14:35

Un día Moisés envió doce hombres para explorar la tierra que Dios iba a dar a su pueblo. La tierra tenía mucha buena comida, pero también tenía grandes muros y las personas eran como gigantes. Cuando los doce hombres regresaron, diez de ellos dijeron: "No podremos entrar y apoderarnos de la tierra". Tenían miedo de confiar en Dios y probar algo nuevo. Dos hombres, Josué y Caleb, dijeron: "No se preocupen. Dios está con nosotros, y él es más fuerte que

Leer y compartir juntos

¿Cuántos de los doce exploradores quisieron intentar algo nuevo? ¿Qué pasó porque el pueblo no creyó que Dios podría ayudarlos a entrar en la nueva tierra?

cualquier gigante". Pero el pueblo todavía tenía miedo de entrar en la nueva tierra. Debido a que las personas no confiaban en Dios para ayudarlas, tuvieron que vagar por el desierto durante cuarenta años.

Oración

Querido Señor, ayúdame a ser valiente y a recordar que siempre estás conmigo. Amén.

LOS MUROS DE JERICÓ

Josué 6

Dios quería que su pueblo conquistara la ciudad de Jericó. Jericó era una ciudad rodeada de enormes muros. El pueblo de Jericó cerró las grandes puertas pesadas en el muro y las resguardaron para que nadie pudiera entrar o salir de la ciudad. Josué era el líder del pueblo de Dios. Dios dijo a Josué que dijera al pueblo que marchara alrededor de la ciudad de Jericó una vez al día

Leer y compartir juntos

¿Qué pidió Dios a su pueblo que hiciera contra los muros de Jericó? ¿Qué sucedió cuando el pueblo confió en Dios e hizo lo que él dijo?

durante seis días. Los sacerdotes debían marchar al frente del Arca sagrada con algunos soldados delante de ellos y otros soldados detrás del Arca sagrada. Luego, en el séptimo día, les dijo que marcharan por la ciudad siete veces. Y eso no es todo. Dios dijo que los sacerdotes sonarían sus cuernos y el pueblo gritaría, y entonces los muros se derrumbarían. Esto puede haber parecido una manera extraña de derribar los muros de la ciudad, pero el pueblo confió en Dios e hizo exactamente lo que les pidió que hicieran, y los muros se derrumbaron.

Oración

Querido Señor, ayúdame a creer en ti y a confiar en tu Palabra incluso cuando no la entiendo. Amén.

EL SOL SE DETUVO

Josué 10:1-14

Después de que Josué llevó al pueblo de Dios a la tierra que Dios les había prometido, el ejército israelita luchó muchas batallas. Un día Josué y su ejército habían estado luchando duro,

Leer y compartir juntos

¿Acaso hay algo muy difícil para Dios?

¿Por qué necesitaba Josué la ayuda de Dios?

pero la batalla no había terminado. Josué y su ejército todavía no habían ganado. Ellos necesitaban más tiempo. Josué necesitaba la ayuda de Dios y dijo: "Sol, quédate quieto... Luna, quédate quieta. . . ." Y el sol y la luna "se detuvieron" hasta que Josué y su ejército ganaron la batalla. Eso es lo que Dios hizo por su pueblo.

Oración

Querido Señor, gracias por ayudarme siempre cuando te necesito. Sé que puedes hacer cualquier cosa. Amén.

DÉBORA

Jueces 4:1-16

Cuando el pueblo se estableció en su nueva tierra, llamada Tierra Prometida, Dios les dio líderes para ayudarlos. Uno de ellos era una mujer llamada Débora. Débora fue llamada una de las grandes jueces de Israel. Las personas iban a ella bajo un

Leer y compartir juntos

¿Quién era Débora?

¿Cómo Débora ayudó a Israel?

árbol para que ella pudiera resolver sus disputas. Cuando llegó el momento de que el general Barac entrara en batalla, Barac no quería ir sin Débora. Así que ella fue con él, y obtuvieron la victoria. Débora era una mujer valiente que pudo ganar contra los enemigos de Israel. Dios estaba de su lado.

Oración

Querido Señor, gracias por enviar líderes valientes, fuertes e inteligentes para ayudarnos. Amén.

GEDEÓN

Jueces 6:11-24; 6:33-7:8; 7:16-22

Gedeón fue un guerrero que Dios eligió para salvar al pueblo de Israel de su enemigo, los madianitas. Dios envió a un ángel para avisarle a Gedeón lo que iba a suceder y lo que Dios quería que hiciera. Gedeón estaba muy seguro de que Dios eligió al hombre equivocado porque Gedeón era el miembro menos importante de su familia. Gedeón tuvo temor. Pero Dios dijo a Gedeón que

Leer y compartir juntos

¿Qué trabajo Dios escogió para que hiciera Gedeón?

¿Qué hizo el enemigo?

estaría con él. Así que Gedeón juntó un gran ejército. —Son muchos, dijo Dios. Gedeón envió a miles de soldados de vuelta a casa. —Son muchos todavía, dijo Dios, hasta que sólo quedaron trescientos hombres. Entonces Gedeón entregó a cada hombre una trompeta y un cántaro con antorchas dentro de los cántaros. Gedeón y sus hombres avanzaron en silencio hasta el borde del campamento donde el enemigo estaba durmiendo. Sus hombres tocaron sus trompetas, hicieron pedazos los cántaros, y sosteniendo sus antorchas, gritaron: "¡Por el Señor y por Gedeón!" El enemigo se asustó tanto que empezaron a luchar entre sí y a huir. ¡Gedeón ganó la batalla! ¡Viva Gedeón! ¡Viva Dios!

Oración

Querido Señor, gracias por darme la victoria
sobre el pecado. Ayúdame a recordar de pedir tu
ayuda cuando tenga un problema. Amén.

SANSÓN

Jueces 13:1-5, 24-25

Uno de los líderes del pueblo de Dios fue elegido antes de que naciera. Un ángel le dijo a la madre: "¡Tendrás un hijo! Pero no debes cortar su cabello. Su cabello largo demostrará que es un nazareo, alguien que tiene trabajo que hacer por Dios". Este

niño creció y se hizo muy fuerte. Su nombre era Sansón, y siempre ganaba contra sus enemigos.

Oración

Querido Señor, gracias por todas las muchas fortalezas que nos has dado para que podamos ayudarnos los unos a otros. Amén.

RUT Y NOEMÍ

Rut 1

Rut y Noemí eran viudas. Eso significa que sus maridos habían muerto. Rut se había casado con el hijo de Noemí. Un día Noemí decidió volver a la tierra de donde era su familia. Rut decidió ir con ella. Noemí pensó que Rut podría extrañar a su familia

y amigos. Le dijo a Rut que no se fuera con ella. Pero Rut dijo: "¡No insistas en que te abandone!" Y así se fueron juntas.

Oración

Querido Señor, gracias por enviarnos familiares y amigos que se quedan con nosotros, pase lo que pase. Amén.

RUT Y BOOZ

Rut 2–4

Rut y Noemí eran muy pobres. Ellas no tenían suficiente para comer. Noemí era muy anciana para trabajar. Entonces Rut fue

Leer y compartir juntos

¿Cuál era el nombre del hombre rico?

¿Con quién se casó Rut?

al campo de un hombre rico a recoger el grano que sobraba para comer. El hombre rico se llamaba Booz, y vio a Rut. Ella era una joven hermosa. "Quédate aquí y trabaja en mi campo", dijo él. Noemí decidió que Booz sería un buen esposo para Rut. Y dijo a Rut lo que debía hacer para ver si Booz quería casarse con ella. Rut hizo exactamente lo que le dijo Noemí. A Booz le gustaba Rut y quería casarse con ella. Así que se casaron y tuvieron un niño. Eso los hizo felices a todos.

Oración

Querido Señor, gracias por bendecirnos con felicidad y por tu regalo de la familia. Amén.

LA ORACIÓN DE ANA

1 Samuel 1:1-2:2; 2:18-21

Ana no tenía hijos, y eso la entristecía mucho. Un día fue a la casa de Dios, donde pidió a Dios que le diera un hijo. Elí, el sacerdote, la vio orando. Ana le dijo que estaba muy triste y hablando a Dios sobre sus problemas. Ana prometió que si Dios le daba un hijo, le entregaría para servir a Dios toda su vida. Dios respondió a la oración de Ana. Ella puso por nombre a su

Leer y compartir juntos

¿Por qué Ana estaba triste?

¿Por qué cosa Ana oraba?

hijo Samuel porque Samuel suena como la palabra hebrea que significa "Dios oyó". Ana cumplió su promesa, y Samuel sirvió a Dios toda su vida.

Querido Señor, gracias por oír todas nuestras oraciones. Amén

SAMUEL ESCUCHA

1 Samuel 3:1-14

Samuel era un niño que vivía en la casa de Dios. Su trabajo era ayudar a Elí, el sacerdote. Una noche, mientras Samuel dormía oyó a alguien decir su nombre. Pensó que era Elí. Se levantó y corrió a la cama de Elí. —No te he llamado, dijo Elí. "Vuelve

Leer y compartir juntos

¿Quién creía Samuel que lo llamaba por la noche?
¿Qué pasó la cuarta vez que Samuel
oyó a alguien que le llamó?

a acostarte". Así que Samuel lo hizo. Pronto volvió a oír la voz. Samuel corrió a la cama de Elí otra vez. Después de que esto sucedió tres veces, Elí sabía que Dios estaba llamando a Samuel. Elí dijo: "Si vuelves a oír la voz, Samuel, di: 'Habla, que tu siervo escucha'. Y eso es lo que Samuel hizo.

Oración

Querido Señor, enséñame a callarme y a escuchar lo que quieres decirme mientras leo la Biblia y oro. Amén.

EL PASTOR DAVID

1 Samuel 16:11; Salmo 23

David era un pastor. Su trabajo era proteger y cuidar de las ovejas. Cuando estaba con las ovejas, escribía canciones y se las cantaba a Dios. Una de esas canciones dice: "El Señor es mi pastor. Nada me falta". Mientras David cuidaba de las ovejas, se hizo amigo íntimo de Dios.

Leer y compartir juntos

¿Cuál era el trabajo de David?
¿Qué hizo David mientras
cuidaba de las ovejas?

Oración

Querido Señor, quiero pasar tiempo contigo todos los días, como David hizo porque quiero ser tu amigo íntimo. Amén.

DAVID Y GOLIAT

1 Samuel 17

David era un pastor. Su trabajo era cuidar de las ovejas de su padre. Algunas personas pueden haber pensado que era "el hermano menor". Un día su padre lo envió a llevar algo de comida a sus hermanos que eran soldados en una guerra. ¡Cuando David llegó a la línea de batalla, no podía creer lo que veía! Todos los soldados temían a un gigante llamado Goliat que gritaba a través del valle para que el pueblo de Dios enviara a un guerrero a luchar contra él. Nadie se animaba a ir. Entonces David dijo: "¡Yo iré!" "¡No, no!", dijo el rey. Pero David estaba lleno del valor que Dios le había dado. Y dijo: "Dios ganará esta batalla por

Leer y compartir juntos

¿De quién los soldados tenían miedo?

¿Cómo Dios ayudó a David a ganar la batalla?

mí". David recogió cinco piedras lisas y las colocó en su bolsa. Luego, con su honda en mano, se fue a luchar contra el gigante. El gigante se molestó mucho cuando vio que David era sólo un muchacho. David puso una piedra en la honda y la lanzó al filisteo. La piedra voló hacia el gigante y lo golpeó en la cabeza. El gigante cayó al suelo. Dios le había dado a David el valor de luchar contra Goliat y ganar la batalla.

Oración

Querido Señor, realmente quiero ser valiente,
pero a veces me siento asustado. Es difícil intentar
algo nuevo. Ayúdame a tener valor. Amén.

DAVID Y JONATÁN

1 Samuel 18:1-16:20

David y Jonatán eran mejores amigos. El padre de Jonatán, Saúl, era rey de Israel. El príncipe Jonatán habría sido el próximo rey, pero Dios había elegido a David en su lugar. La gente amaba a David. Eso hizo que el rey Saúl se enojara y tuviera celos. El rey tenía miedo de David y quería matarlo. Jonatán se enteró del plan de su padre y avisó a David. Luego ayudó a David a huir lejos, donde nadie podía hacerle daño. Jonatán incluso le regaló a David su manto para que lo usara.

Leer y compartir juntos

¿Quién era el mejor amigo de Jonatán?

¿Por qué el rey Saúl estaba enojado y celoso?

Prayer

Querido Señor, bendice a mis amigos y ayúdanos a ser
amigos verdaderos como Jonatán y David. Amén.

EL HIJO DE JONATÁN

1 Samuel 31; 2 Samuel 1:1-4; 5:1-4; 9

Mucho tiempo después, murió el mejor amigo de David, Jonatán. Después de que David se convirtió en rey, quiso mostrar su bondad hacia Jonatán ayudando a cualquiera que aún estuviera vivo en la familia de Saúl. David se enteró de que el hijo de Jonatán, Mefiboset (Me-fi-bo-set) estaba paralítico en ambos pies y vivía en Lo Debar. David fue muy amable con Mefiboset. Trató al hijo de Jonatán como si fuera uno de sus propios hijos y siempre lo dejaba comer en su mesa. También se aseguró de que todas las propiedades de Jonatán fueran devueltas a Mefiboset y que la tierra fuera cultivada. Así Mefiboset siempre tendría comida. Mefiboset vivió en Jerusalén, y David se encargó de él toda su vida. David era amable.

Leer y compartir juntos

¿Quién era Mefiboset?

¿Cómo David mostró su bondad a Mefiboset?

Oración

Querido Señor, quiero ser un niño bondadoso y
pensar primero en los demás. Por favor, ayúdame
a mostrar buenos modales. Amén.

ELÍAS HUYE DEL REY ACAB

1 Reyes 17:1-16

Los tiempos eran difíciles en Israel. El pueblo no había sido fiel a Dios, y por eso Él no les mandaba lluvia. Así que Dios puso a su profeta Elías cerca de un arroyo donde tendría agua para beber y donde los cuervos le llevaban pan y carne. Pero después de un tiempo el arroyo se secó. Entonces Dios dijo a Elías que fuera junto a cierta mujer y le pidiera comida. Elías fue y pidió. La

Leer y compartir juntos

¿Qué dijo Dios a Elías que hiciera?

¿Qué Dios proveyó para la mujer y su hijo, y Elías?

mujer le dijo que ella sólo tenía suficiente harina y aceite para una comida más para su hijo y ella misma, y luego morirían de hambre. Elías le dijo que cocinara para él primero y que ella estaría bien. Debido a que tenía un corazón compasivo, ella hizo lo que Elías le pidió y le preparó algo de pan. ¿Sabes qué? Dios hizo que la comida durara para ella y su hijo, y también para Elías hasta que haya alimentos otra vez en la tierra.

Oración

Querido Señor, ayúdame a aprender a compartir
con los demás como tú quieres. Amén.

FUEGO DEL CIELO

1 Reyes 18:1, 15-46

Después de unos tres años sin lluvia, el pueblo de Israel estaba desesperado por el agua. Así que los 450 profetas que oraron al dios falso llamado Baal se encontraron con Elías, un profeta del único Dios verdadero, en la cima de un monte. El grupo de profetas construyeron un altar a Baal, pusieron la leña sobre él, y luego colocaron una ofrenda de carne sobre la leña. Elías hizo lo mismo, pero su altar fue para Dios. Los profetas gritaron y gritaron desde la mañana hasta la noche mientras rogaban a Baal que les contestara y enviara fuego. No hubo respuesta. No hubo fuego. (Esto es por- que Baal no es un dios. Sólo hay un Dios. ¿Sabes quién es?) Ahora era el turno de Elías. Él hizo que la gente echara agua sobre la leña y la ofrenda

Leer y compartir juntos

¿Cuánto tiempo estuvo el pueblo de Israel sin lluvia?
¿Qué hizo Elías cuando le llegó el turno?

de carne hasta que todo el altar quedó empapado. La gente sabía que estaba muy mojado para encender un fuego. ¡Elías pidió al Dios verdadero que respondiera enviando fuego para quemar la ofrenda mojada! Dios envió fuego que quemó todo lo que había en y alrededor del altar. ¡Guau! Dios había respondido a la oración de Elías, y había demostrado que era el Dios verdadero.

Oración

Querido Señor, sé que eres un Dios poderoso
que puede hacer cualquier cosa. Por eso oro a ti.
Gracias por escuchar mis oraciones. Amén.

CARRO DE FUEGO

2 Reyes 2:1-12

Elías era un siervo fiel de Dios. Él se mantuvo fiel a Dios a pesar de que fue amenazado por una reina mala y tuvo que esconderse en el desierto. A medida que avanzaba en edad, Elías continuó sirviendo fielmente a Dios. Preparó a su ayudante, Eliseo, para hacer lo mismo. Eliseo fue a todas partes con Elías hasta que un día sucedió algo increíble. Un carro de fuego con caballos de fuego bajaron del cielo y, ¡vino un soplo fuerte!, un torbellino llevó a Elías directo al

Leer y compartir juntos

¿Cómo describirías a Elías?

¿Adónde fue Elías en el torbellino?

cielo. Él fue fiel a Dios hasta el fin, y Dios fue fiel para llevar a Elías al cielo para estar con él para siempre.

Oración

Querido Señor, estoy aprendiendo cómo ser fiel. Ayúdame a ser leal, verdadero y confiable en todo lo que hago. Amén.

ELISEO AYUDA A UN NIÑO

2 Reyes 4:8-37

Eliseo a menudo se hospedaba con una mujer sunamita, su esposo y su hijo pequeño. La familia incluso había construido un cuarto especial para Eliseo en la azotea de su casa. Un día, el niño se enfermó cuando salió a ver a su padre, quien estaba en el campo con los segadores. Se llevaron al niño a casa, pero nadie podía hacer algo por él. El niño murió. La mujer sunamita puso al niño en la cama de Eliseo. Ella se apresuró a ir junto a Eliseo para que ayudara a su hijo. Eliseo fue con la señora de vuelta a su casa y allí

Leer y compartir juntos

¿Qué le pasó al niño?

¿Qué hizo Dios cuando Eliseo oró por el niño?

oró. Entonces, de repente, "¡Aaachís!" El niño estornudó. Luego estornudó seis veces más y abrió los ojos. Fue un milagro. Dios había devuelto a la vida al niño.

Oración

Querido Señor, tú eres el que me dio aliento y mis estornudos. Gracias por mi increíble cuerpo. Amén.

EL HACHA A FLOTE

2 Reyes 6:1-7

Hace mucho tiempo las herramientas de trabajo se hacían a mano, y eran caras y raras. Un día, los hijos de los profetas, cortaban árboles con hachas pesadas para construir un lugar donde pudieran vivir. Mientras trabajaban, un hombre pegó fuerte contra el tronco de un árbol con un hacha. Cuando hizo eso, el pesado hacha de hierro se le zafó y cayó directo

Leer y compartir juntos

¿Qué ocurrió al hacha de un hombre
mientras cortaba arboles?
¿Qué hizo Eliseo?

al agua. Rápidamente el hacha se hundió. "Ay", gritó el hombre, "esa hacha no era mía". Se puso muy triste. No podría devolver el hacha a su dueño. Eliseo, el profeta, estaba allí. Y le preguntó: "¿Dónde cayó?" El hombre le mostró. Eliseo cortó un palo y lo echó al agua, y la pesada cabeza del hacha de hierro salió a flote. El hombre que lo perdió lo recogió. Fue un milagro.

Oración

Querido Señor, ayúdame a cuidar como si fuera mía cualquier cosa que tome prestada de los demás. Quiero cuidar bien de todo lo que uso. Gracias, Señor. Amén.

LA HERMOSA REINA ESTER

Ester 1-9

Una y otra vez Dios había advertido a su pueblo que no adorara ídolos. El pueblo no le hizo caso. Así que finalmente Dios dejó que un enemigo capturara a su pueblo y lo tomara de la tierra que Él les había dado. Años más tarde, Ester era una joven común que vivía en Persia. Pero Dios la escogió para un trabajo extraordinario. Primero, ella se convirtió en la reina de la tierra. Pero, después de ser reina, uno de los hombres del rey quiso eliminar a todo el pueblo de Dios. El primo de Ester, Mardoqueo, fue junto a ella. Él sabía que Dios

Leer y compartir juntos

¿Dónde vivía Ester?

¿Qué Dios escogió para que Ester hiciera?

podía usar a Ester para salvar al pueblo de Dios. Le dijo: "¡Quien sabe si no has llegado al trono para un momento como este!" Lo que Ester hizo después fue muy valiente. A pesar de que el rey pudo haberla matado, ella fue ante el rey y le pidió que salvara a su pueblo. El rey hizo lo que ella le pidió. ¡Viva, Ester!

Oración

Querido Señor, ayúdame a pensar en las cosas que puedo hacer para ser tu ayudante. Amén.

UN TIEMPO PARA TODO

Eclesiastés 3:1-8

Un hombre sabio dijo en la Biblia que hay un tiempo para todo en la vida. Algunas cosas no las podemos elegir, como cuándo nacer. Pero otras cosas las podemos elegir, como

Leer y compartir juntos

¿Qué dice la Biblia acerca del tiempo de todas las cosas?

¿Qué tipo de decisiones quiere Dios que tomemos?

cuándo estar callado y cuándo hablar o cuándo abrazar y cuándo no abrazar o cuándo ser felices y cuándo estar triste. Dios quiere que tomemos buenas decisiones acerca de nuestro tiempo y que le dejemos hacer esas cosas que no podemos hacer, ni arreglar o cambiar. Él está en control de todo.

Oración

Querido Señor, por favor, ayuda a mi familia y a mí a tomar buenas decisiones acerca de lo que estamos haciendo. Amén.

TRES HOMBRES VALIENTES

Daniel 3

El pueblo de Dios había sido capturado y llevado a Babilonia. El rey de ese país era Nabucodonosor. Tres de estos hombres, Sadrac, Mesac y Abednego, trabajaron para el rey Nabucodonosor. Pero cuando el rey quería que se inclinaran y adoraran a un ídolo de oro, ellos no lo hacían. Así que el rey dijo a sus soldados que arrojaran a los tres hombres al horno en llamas. ¿Sabes qué? Los hombres en el horno no se quemaron. Dios envió a alguien para protegerlos en el horno. El rey se sorprendió cuando vio

Leer y compartir juntos

¿Qué quería el rey que hicieran los tres hombres?

¿Qué vio el rey en el horno?

a cuatro hombres caminando. Entonces dijo a Sadrac, Mesac y Abednego que salieran del horno. Entonces el rey hizo una nueva ley. Dijo que nadie podía decir nada malo sobre el Dios de estos hombres.

Oración

Querido Señor, por favor ayúdame a ser fuerte y a adorar sólo a ti todos los días de mi vida. Amén.

DANIEL EN EL FOSO DE LOS LEONES

Daniel 6:11-28

Daniel era un hombre que amaba a Dios con todo su corazón. Daniel oraba a Dios tres veces al día. El rey planeaba poner a Daniel a cargo de todo el reino. Esto puso celosos a algunos líderes, y ellos engañaron al rey para que arrojara a Daniel

Leer y compartir juntos

¿Qué le pasó a Daniel?

¿A quién Dios envió para ayudar a Daniel?

al foso de los leones hambrientos. Pero Dios envió a su ángel para cuidar de Daniel. El ángel cerró la boca de los leones para que no mordieran a Daniel. Por la mañana, el rey hizo sacar a Daniel del foso de los leones. Daniel no sufrió daño en absoluto, porque había confiado en Dios.

Oración

Querido Señor, gracias por enviar ángeles para cuidarme. Aunque no los vea, sé que están ahí porque tu Palabra lo dice. Amén.

DENTRO DE UN ENORME PEZ

Jonás 1-3

Dios dijo a Jonás que fuera a Nínive y predi-
cara al pueblo. Pero a Jonás no le gustaba
esa gente, así que desobedeció a Dios y
se subió a un barco que iba en dirección
opuesta a Nínive. En el mar, una terrible tormenta estaba a punto de hundir el barco.
Todos en el barco tenían miedo. Entonces
Jonás dijo a los marineros que lo lanza-
ran al mar por la borda, y la tormenta se

Leer y compartir juntos

¿Por qué Jonás desobedeció a Dios?
¿Qué hizo que Jonás cambiara de opinión
acerca de obedecer a Dios?

detendría. ¡Eso es lo que hicieron, y la tormenta se detuvo! Un enorme pez se tragó rápidamente Jonás. Dios dejó que Jonás estuviera en el vientre de ese viejo y apestoso pez durante tres días, hasta que Jonás oró a Dios diciendo que le obedecería. Luego ese pez vomitó a Jonás en tierra firme. Y Jonás fue directo a Nínive y predicó allí al pueblo.

Oración

Querido Señor, ayúdame a obedecer,
incluso cuando no quiera hacerlo. Amén.

UN MENSAJE DEL ÁNGEL

Lucas 1:5-20

Un sacerdote llamado Zacarías fue a la casa de Dios para quemar una ofrenda de incienso. Inmediatamente después de entrar, se le apareció el ángel Gabriel. "Zacarías, tu esposa, Elizabet te dará un hijo, y le pondrás por nombre Juan", dijo

Leer y compartir juntos

¿Quién era la esposa de Zacarías?

¿Qué dijo el ángel a Zacarías?

Gabriel. Zacarías no creía que era posible que Elizabet y él tuvieran un hijo. Eran muy ancianos. "Como no creíste en mis palabras Zacarías, te vas a quedar mudo hasta que nazca el bebé", dijo Gabriel.

Oración

Querido Señor, gracias por bendecirnos y por enseñarnos la mejor manera de obedecerte. Amén.

UN NIÑO LLAMADO JUAN

Lucas 1:57-66

Tal como el ángel Gabriel había dicho, un niño nació de Zacarías y su esposa, Elizabet. Sus amigos estaban muy contentos por ellos. "Llámalo Zacarías por su padre", dijeron. Zacarías

Leer y compartir juntos

¿Cómo se llamaba el niño de Elizabet y Zacarías?

¿Qué sucedió cuando Zacarías escribió el nombre de su hijo?

todavía no podía hablar, así que escribió: "Su nombre es Juan". Inmediatamente después de que Zacarías escribió eso, pudo hablar de nuevo.

LA GRAN SORPRESA DE MARÍA

Lucas 1:26-38

Poco después de su visita a Zacarías, el ángel Gabriel fue a ver a una joven llamada María. Ella era prima de Elizabet, la esposa de Zacarías. María vivía en Nazaret y estaba comprometida para casarse con José, el carpintero. —No tengas miedo, María, dijo

Leer y compartir juntos

¿Quién visitó a María?

¿Qué dijo Gabriel a María?

el ángel. "Dios te ha concedido su favor. Darás a luz un hijo y le pondrás por nombre Jesús. Lo llamarán Hijo del Altísimo." Fue una gran sorpresa para María.

Oración

Querido Señor, gracias por enviar
a tu Hijo, Jesús, a la tierra. Amén.

JOSÉ SE CASA CON MARÍA

Mateo 1:18-25

Cuando José se enteró de la noticia de que María iba a tener un hijo, no sabía qué pensar. Él todavía no se había casado con ella. Dios amaba a José y quería que entendiera que el hijo era de Dios y que todo iba a estar bien. Así que Dios envió a un ángel

Leer y compartir juntos

¿A quién envió Dios a José?

¿Qué dijo el ángel a José que pusiera por nombre al niño?

para hablar con José durante su sueño. Este ángel dijo a José: "Le pondrás por nombre Jesús, porque él salvará a su pueblo de sus pecados." Cuando José oyó el plan de Dios, se casó con María.

Oración

Querido Señor, gracias por preocuparte de nuestros sentimientos y por ayudarnos a sentirnos mejor. Amén.

EL HIJO DE DIOS

Lucas 2:1-7

El gobernador de la tierra, Augusto César, hizo una nueva ley para contar el número de todo el pueblo. Todos tenían que registrarse en su ciudad natal. Así que José y María fueron a Belén, la ciudad natal de José. La ciudad estaba llena de gente. No había lugar para que María y José pudieran dormir. Finalmente, José

encontró un lugar para ellos donde se guardaban los animales. Y ahí nació el Hijo de Dios. Su primera cama fue en el heno de un pesebre donde se alimentaban los animales.

Oración

Querido Señor, gracias por bendecirnos
con el maravilloso regalo de tu Hijo, Jesús. Amén.

UNOS PASTORES QUE VELABAN

Lucas 2:8-12

Esa noche, en el campo, unos pastores semidormidos cuidaban de sus ovejas. De repente apareció un ángel en el cielo. La luz del ángel era tan brillante que les lastimaba los ojos. —No tengan miedo, dijo el ángel. "Les traigo buenas noticias. Un niño ha nacido en Belén esta noche. Es un Salvador. Lo encontrarán acostado en un pesebre".

Leer y compartir juntos

¿Qué hacían los pastores?

¿Quién se apareció a los pastores?

Oración

Querido Señor, gracias por darnos las buenas noticias sobre tu Hijo para que podamos compartir las noticias con los demás. Amén.

LO QUE VIERON LOS PASTORES

Lucas 2:13-20

Entonces todo el cielo se llenó de tantos ángeles que nadie podía contarlos a todos. Ellos cantaron: "¡Gloria a Dios en las alturas!" Y luego, cuando la canción terminó, los ángeles

Leer y compartir juntos

¿Qué cantaron los ángeles?

¿Qué hicieron los pastores?

desaparecieron. Los pastores de prisa fueron a Belén. Allí encontraron a María y a José y vieron al niño Jesús acostado en la paja del pesebre. Los pastores dijeron a los padres todo lo que los ángeles habían dicho sobre el niño.

Oración

Querido Señor, gracias por mostrarnos ejemplos de cómo debemos alabarte. Podemos cantarte gloria en las alturas como lo hacen los ángeles. Amén.

REGALOS PARA EL NIÑO JESÚS

Mateo 2:1-12

Pronto muchas de las personas que vinieron a registrarse en Belén regresaron a casa. María y José se mudaron a una casa.

Leer y compartir juntos

¿Quiénes visitaron a María y José?

¿Qué trajeron los visitantes a María, José y Jesús?

Un día ellos tuvieron visitas que venían de muy lejos, del Oriente. Estos visitantes eran hombres sabios. Ellos habían seguido una estrella brillante para encontrar al pequeño Jesús. Se inclinaron y adoraron al Hijo único de Dios y le dieron costosos regalos de oro, incienso y mirra.

Oración

Querido Señor, gracias por guiar a los hombres sabios y a mí hacia tu Hijo, Jesús. Amén.

AL FIN EN CASA

Mateo 2:13-15, 19-23

Después de que los hombres sabios se fueron, Dios envió otro ángel a José en un sueño. "Levántate, toma al niño y a su madre, y huye a Egipto. Quédate allí hasta que yo te avise, porque Herodes va a buscar al niño para matarlo." Todavía era de noche, pero José se levantó de la cama y tomó a María y Jesús y se dirigió a Egipto. María, José y Jesús se quedaron en Egipto hasta que Dios envió otro ángel a José en un sueño. "Levántate

Leer y compartir juntos

¿Dónde dijo el ángel a José que llevara a María y a Jesús?

¿A dónde regresaron José, María y Jesús?

y llévate a María y a Jesús y vete a casa", dijo el ángel. El rey Herodes había muerto. No podría volver a hacerles daño. Dios y sus ángeles habían mantenido a salvo a María, José y Jesús. Así que con el corazón feliz, se fueron a casa a vivir en Nazaret.

Oración

Querido Señor, gracias por cuidarme y guiarme a través de los días buenos y los días malos. Me siento seguro sabiendo que cuidas de mí. Amén.

JESÚS CON LOS MAESTROS DEL TEMPLO

Lucas 2:41-52

Cuando Jesús tenía doce años, fue con sus padres al templo en Jerusalén. Pronto fue el momento de volver a casa en Nazaret. Todos empacaron sus maletas y se fueron. Al principio María y José pensaban que Jesús viajaba con algunos de sus familiares y amigos. Cuando se dieron cuenta de que Jesús no estaba en el grupo, ellos regresaron a Jerusalén, donde encontraron a Jesús

Leer y compartir juntos

¿Qué estaba haciendo Jesús en el templo?

¿Cómo honró Jesús a sus padres?

hablando con algunos maestros religiosos en el templo como si fuera uno de ellos. Cuando María y José le dijeron a Jesús que era hora de irse, el los honró al obedecer con respeto lo que le pidieron. Dejó a los maestros y se fue a casa con María y José. Allí continuó aprendiendo y creciendo, obedeciendo a sus padres y agradando a Dios en todo lo que hacía.

Oración

Querido Señor, por favor ayúdame a ser el niño que quieres que sea y a honrar a mis padres. Amén.

JUAN BAUTIZA A JESÚS

Mateo 3; Marcos 1:4-11

El primo de Jesús, Juan, se convirtió en predicador cuando creció. Juan vivía en el desierto y usaba ropa de camello y comía
langostas y miel. (Las langostas eran como saltamontes.) Juan
dijo a la gente que cambiara sus corazones y pidiera perdón por
sus errores porque Jesús vendría pronto. Un día, cuando Jesús
también creció, vino al lugar donde Juan predicaba y bautizaba
a la gente. Jesús pidió a Juan que lo bautizara en el río. Al principio Juan no quería bautizar a Jesús. Pensó que Jesús era el
que debía bautizarlo a él. Pero cuando Jesús dijo que tenía que

Leer y compartir juntos

¿Quién era Juan?
¿Qué Jesús pidió a Juan
que hiciera por él?

ser así, Juan obedeció y llevó a Jesús al río y lo bautizó. Cuando Jesús salió del agua, vio que el Espíritu de Dios bajaba sobre él como una paloma. Dios habló y dijo: "Tu eres mi Hijo amado; estoy muy complacido contigo."

Oración

Querido Señor, gracias por enviarnos personas que nos ayudan a entender que podemos ser lavados para limpiarnos del pecado. Amén.

JESÚS ES TENTADO POR SATANÁS

Mateo 4:1-11

Cuando Jesús fue tentado, él estaba solo en el desierto. Jesús tuvo mucha hambre y estaba cansado cuando Satanás vino a tentarlo a hacer algunas cosas que no estaban bien. Primero Satanás dijo a Jesús que ordena a "estas piedras que se conviertan en pan". Pero Jesús había estudiado la Palabra de Dios, así que recordó lo que había aprendido de las Escrituras. Y Dijo: "No solo de pan vive el hombre. Sino de toda palabra que sale de la boca de Dios". "Tírate abajo". Los ángeles de Dios

Leer y compartir juntos

¿Cómo se sintió Jesús cuando Satanás vino a Él?
¿Hizo Jesús lo correcto o lo equivocado?

te sostendrán en sus manos", dijo Satanás. Jesús respondió: "Las Escrituras también dicen: 'No pongas a prueba a tu Dios'. "Entonces Satanás llevó a Jesús a la cima de una montaña muy alta y le mostró todos los reinos del mundo. "Todo esto te daré si te postras y me adoras", dijo Satanás. Pero Jesús le dijo: "¡Vete, Satanás! Porque escrito está: 'Adora solamente al Señor Dios'. Y Satanás se fue.

Oración

Querido Señor, a veces es difícil hacer lo correcto. Por favor, ayúdame a decir no a la tentación y a hacer lo correcto. Amén.

JESÚS SANA A UN NIÑO ENFERMO

Juan 4:46-53

Un día, exactamente a la una de la tarde, un hombre importante del gobierno le rogó a Jesús que fuera a sanar a su hijo. El niño estaba muy, muy enfermo y en un pueblo diferente. Jesús sabía que no necesitaba ir allí. Le dijo al padre: "Vuelve a casa, que tu hijo vive". El hombre creyó a Jesús y se fue a su casa. En el camino a su casa, sus siervos lo reconocieron

Leer y compartir juntos

¿Qué hizo Jesús cuando el hombre le pidió que sanara a su hijo?

¿Quién creyó en Jesús?

y le dijeron que su hijo estaba bien. El padre preguntó a qué hora su hijo comenzó a recuperarse. Los siervos dijeron: "A la una de la tarde se le quitó la fiebre". El padre sabía de que exactamente a esa hora Jesús le había dicho: "Tu hijo vive". Ahora no sólo el hombre creyó en Jesús, sino toda su familia también creyó en Jesús.

Oración

Querido Señor, ayúdame a comer bien y dormir bien
para ayudar a mi cuerpo a estar sano. Amén.

UN NIÑO AYUDA A JESÚS

Juan 6:1-14; Mateo 14:13-21

Un día, una multitud de personas siguió a Jesús para ver sus milagros y escucharlo enseñar acerca del amor de Dios. Cuando llegaron junto a Jesús, era tarde en el día, y había más de cinco mil personas con mucha hambre. Pero no había comida, excepto cinco panes pequeños y dos pescados que un niño había traído con él. El niño dio sus panes y pescados a los ayudantes de Jesús. Jesús dio gracias a Dios por la comida del

Leer y compartir juntos

¿Qué había en el almuerzo del niño?

¿Qué hizo Jesús?

niño y repartió a todos allí todo lo que quisieran comer. Fue un milagro. ¡Había incluso doce canastas de comida que sobraron!

Oración

Querido Señor, quiero ayudar a los demás. Por favor, muéstrame maneras en que puedo ser útil. Amén.

JESÚS CAMINA SOBRE EL AGUA

Marcos 6:45-53

Un día Jesús pidió a sus ayudantes que fueran a un pueblo al otro lado del lago. Les dijo que se reuniría con ellos más tarde. Los hombres hicieron lo que Jesús pidió y se subieron a una barca y partieron a través del lago. Y surgió un fuerte viento. El viento sopló fuertemente. ¡Los hombres tenían mucho miedo! Remaron con más fuerza hacia la orilla, pero el viento siguió empujándolos

Leer y compartir juntos

¿Qué hizo temer a los ayudantes de Jesús?

¿Qué hizo Jesús?

de nuevo al lago. Entonces vieron algo que los asustó aún más. ¡Un hombre que caminaba sobre el agua hacia ellos! Entonces el hombre gritó: "No tengan miedo". Y se dieron cuenta de que era Jesús que caminaba hacia ellos. Jesús se subió a la barca, y de repente el viento se calmó. Los ayudantes se sorprendieron. Todo estaba bien porque Jesús estaba con ellos.

Oración

Querido Señor, a veces tengo miedo. Ayúdame
a saber que siempre estás conmigo y a pedir
tu ayuda cuando tengo miedo. Amén.

JESÚS AMA A LOS NIÑOS

Mateo 19:13-15;
Marcos 10:13-16; Lucas 18:15-17

Tanta gente quería ver a Jesús que lo estaban apretando. Había personas enfermas y tristes, gente buena y gente feliz, y había personas que llevaban a sus hijos para encontrarse con Jesús. "No se permite niños", dijeron los ayudantes de Jesús al pueblo. "Jesús no tiene tiempo para ellos". Jesús oyó lo que sus ayudantes dijeron. Y los detuvo ahí mismo. "Dejen que los niños vengan a mí", dijo Jesús, y comenzó a bendecir a los niños. Los niños son importantes para Dios. Los niños son importantes para Jesús. Él los ama. ¡Él te ama!

Leer y compartir juntos

¿Por qué los ayudantes de Jesús querían
echar fuera a los niños?
¿Qué dijo Jesús a sus ayudantes?

Oración

Querido Señor, gracias por amarme tanto.

Yo también te amo. Amén.

UN HOMBRE DE BAJA ESTATURA

Lucas 19:1-10

A todo lugar que Jesús iba, había multitudes de gente. En una multitud había un hombre de muy baja estatura llamado Zaqueo. Él quería ver a Jesús, pero no podía ver por causa de la multitud. Así que se subió a un árbol. Jesús le dijo: "Zaqueo, baja en seguida tengo que quedarme

Leer y compartir juntos

¿Quién subió a un árbol para ver a Jesús?

¿Qué dijo Zaqueo a Jesús que haría?

hoy en tu casa". Zaqueo se apresuró y llevó a Jesús a su casa. Zaqueo quería hacer cosas buenas. Y dijo a Jesús que daría la mitad de su dinero a los pobres.

Oración

Querido Señor, gracias por mostrarme cómo puedo ser una gran persona por amarte y tratar a la gente de manera justa. Amén.

UNA MONEDA EN UN PEZ

Mateo 17:24-27

Cuando Jesús vivió en la tierra, pagó sus impuestos, tal como lo hacen las personas hoy en día. Un día su amigo Pedro vino a decir a Jesús que no tenían dinero para pagar sus impuestos. Eso no molestó a Jesús en absoluto. Pedro, "vete al lago y echa el anzuelo. Saca el primer pez que pique; ábrele la boca y encontrarás una moneda". Dásela a ellos por mi impuesto y por el tuyo". Pedro había estado pescando toda su vida, y seguramente nunca había encontrado una moneda en la boca de un pez. Pero confiaba en Jesús. Enseguida Pedro atrapó un pez que tenía una moneda en la boca. Pedro usó el dinero para pagar sus impuestos.

Leer y compartir juntos

¿Qué necesitaban Jesús y Pedro?
¿Qué gran sorpresa recibió Pedro
cuando atrapó un pez?

Oración

Querido Señor, gracias por compartir tu amor conmigo y darme lo que necesito. Te amo. Amén.

UN CIEGO RECIBE LA VISTA

Marcos 10:46-52

¡Jesús puede hacer cualquier cosa! Él puede sanar a los enfermos, y puede hacer que los ciegos puedan volver a ver. Un día, una multitud de personas seguía a Jesús. Un ciego, que estaba sentado junto al camino, seguía gritando: "¡Jesús, por favor ayúdame!" Gritaba tan fuerte que algunos de la multitud le dijeron que se callara. Jesús ignoró a la multitud. Y preguntó al ciego: "¿Qué quieres que haga por ti?" El ciego dijo: "Quiero ver". Jesús le respondió: "Tu fe te ha sanado". Ahora el hombre podía ver.

Leer y compartir juntos

¿Qué preguntó Jesús al ciego?

¿Qué hizo Jesús por el ciego?

Oración

Querido Señor, por favor ayuda a los
que no puedan ver. Amén.

UNA VIUDA MUY POBRE

Marcos 12:41-44

Jesús observó cómo la gente echaba su dinero en una caja de ofrendas en el templo. La gente rica daba mucho dinero. Pero entonces, de la parte de atrás de la multitud vino una viuda muy pobre. Ella echó sus dos monedi- tas en la caja. Cuando Jesús la

Leer y compartir juntos

¿Quién dio todo lo que tenía?

¿Qué dijo Jesús acerca de su ofrenda?

vio, dijo a sus seguidores: "Esta viuda pobre ha echado en el tesoro más que todos los demás. Ella echó todo lo que tenía".

Oración

Querido Señor, ayúdame a dar con un corazón feliz. Gracias por bendecirme de muchas maneras. Amén.

JESÚS CALMA UNA TORMENTA

Marcos 4:35-41

Un día después de que Jesús había estado enseñando todo el día, él y sus amigos se subieron a una barca para cruzar al otro lado del lago. Jesús estaba tan cansado que se durmió. Antes de que sus amigos pudieran remar al otro lado del lago, se desató una fuerte tormenta. El viento comenzó a azotar. Las olas

golpeaban alto contra la barca y comenzaron a llenarla de agua. Fue una momento aterrador. Finalmente, los amigos de Jesús lo despertaron. Tenían mucho miedo. "Maestro, gritaron, ¿no te importa que nos ahoguemos?" Jesús se levantó, y en lugar de agarrar un remo para ayudar a remar, habló a la tormenta. Y dijo: "¡Silencio! ¡Cálmate!" El viento se calmó. Las olas quedaron tranquilas, y todos estaban a salvo. ¡Jesús es tan poderoso que el viento y las olas le obedecen!

Oración

Querido Señor, eres tan poderoso que puedes hacer cualquier cosa. Gracias por estar conmigo todo el tiempo, en medio de día tormentoso y soleado. Amén.

UNA OVEJA PERDIDA

Jesús contó una historia acerca de un pastor que tenía cien ovejas. Todas las noches, cuando el pastor llevaba sus ovejas a casa, las contaba para asegurarse de que todas estuvieran allí. Una noche después de contar noventa y nueve ovejas, no

Leer y compartir juntos

¿Quién es el Buen Pastor? ¿Qué hizo el pastor cuando encontró a la oveja perdida?

había más ovejas que contar. Faltaba una oveja. El pastor dejó sus noventa y nueve ovejas a salvo en casa y salió a buscar a la única oveja perdida. La buscó por los montes. La buscó por los valles. Buscó por todas partes. Y finalmente encontró la oveja perdida. El pastor feliz cargó a la oveja sobre sus hombros, así era como los pastores solían llevar a sus ovejas, y la trajo a casa. El pastor estaba tan feliz que hizo una fiesta con sus amigos para celebrar el encuentro de su oveja perdida.

Oración

Querido Señor, estoy tan feliz de que cuidas de mí. Gracias por venir a buscarme cuando sigo mi corazón y me olvido de seguirte. Ayúdame a amarte y obedecerte. Amén.

DE REGRESO AL PADRE

Lucas 15:11-24

Había un hombre que tuvo dos hijos. Mientras su padre aún estaba vivo, el hijo menor decidió que quería el dinero que sería suyo cuando su padre muriera. Su padre le dio el dinero. El hijo se fue a otro país y malgastó todo su dinero en tonterías. Después de gastar todo su dinero, el hijo estaba hambriento y solo. Consiguió

Leer y compartir juntos

¿Qué pasó con el dinero del hijo menor?

Cuando el hijo menor llegó a casa, ¿qué hizo su padre?

un trabajo alimentando cerdos, y tenía tanta hambre que incluso pensó en comer la comida de los cerdos. Entonces se dio cuenta de que los siervos de su padre tenían más comida de la que él tenía. Decidió regresar a casa, decirle a su padre que lo sentía y preguntarle si sólo podía ser un siervo. Y eso es lo que hizo. Para su sorpresa, cuando llegó a casa, su padre le dio un gran abrazo y lo perdonó por todo lo que había hecho.

Oración

Querido Señor, te pido que me perdones por los errores que he cometido. Ayúdame a hacer lo correcto. Amén.

LOS MEJORES AMIGOS DE JESÚS

Lucas 10:38-42

Un día Jesús fue a visitar a unos de sus mejores amigos llamados María, Marta y Lázaro. Marta estaba ocupada preparando

Leer y compartir juntos

¿Por qué Marta estaba enojada?
¿Qué le dijo Jesús?

la comida. María estaba sentada y escuchando a Jesús hablar. Marta se enojó y se quejó: "Jesús, ¿no te importa que María me haya dejado sirviendo sola? Dile que me ayude. "Jesús le respondió: "Lo que María está aprendiendo de mí, nadie se la quitará".

Oración

Querido Señor, lo que aprendo de Ti nunca
me lo pueden quitar. Amén.

JESÚS RESUCITA A LÁZARO

Juan 11:1-44

Jesús amaba a sus amigos Marta, María y Lázaro. Un día, cuando Jesús estaba fuera, Lázaro se enfermó. Cuando Jesús oyó que su amigo estaba enfermo, esperó dos días antes de comenzar su viaje para ver a sus amigos. Cuando Jesús llegó, Lázaro ya había estado muerto durante cuatro días. La hermana de Lázaro, Marta, dijo a Jesús: "Si hubieras estado aquí, mi hermano no habría muerto". Jesús estaba tan triste que

Leer y compartir juntos

¿Qué hizo Jesús cuando oyó que su amigo Lázaro había muerto? ¿Qué pasó después?

lloró. Entonces Jesús caminó hasta la tumba de Lázaro y pidió a la gente de allí que quitaran la piedra de la entrada. En voz alta Jesús dijo: "¡Lázaro, sal fuera!" ¡Y Lázaro salió de la tumba, todo envuelto con vendas de entierro! Estaba vivo y bien.

Oración

Querido Señor, sé que está bien estar triste a veces.
Gracias por los recuerdos felices que tengo de aquellos
que han ido al cielo para estar contigo. Amén.

UN HOMBRE DA GRACIAS

Lucas 17:11-19

Un día, mientras Jesús iba por un camino vio a diez hombres. Ellos no se acercaron a Jesús porque tenían una enfermedad de la piel llamada lepra. Los hombres llamaron a Jesús: "Por favor, ten compasión de nosotros". Jesús sanó a los diez hombres. A medida que avanzaban en su camino, notaron que las llagas y las hinchazones en su piel fueron limpias, lo que significó que

Leer y compartir juntos

¿Qué pidieron los diez hombres a Jesús que hiciera?
¿Cuántos hombres le dijeron gracias?

su enfermedad de la piel desapareció. Fueron sanados. Cuando uno de los diez hombres vio que su piel estaba sanada, regresó de prisa a dar gracias a Jesús por sanarlo. Pero él fue el único que le dio las gracias. Tenía un corazón agradecido.

Oración

Querido Señor, gracias por mi familia.
Por favor, ayúdame a estar agradecido por todas
mis bendiciones todos los días. Amén.

JESÚS MONTA COMO UN REY

Lucas 19:28-38; Juan: 12-16

La primera Pascua ocurrió cuando el pueblo de Dios salió de Egipto hace mucho tiempo. Después de eso, el pueblo de Dios celebraba la Pascua cada año. Un año Jesús y sus seguidores más cercanos fueron a Jerusalén para celebrar la Pascua. Antes de llegar allí, Jesús dijo a sus seguidores: "Vayan a la aldea, y encontrarán un burrito. Desátenlo y tráiganlo acá. Si alguien les pregunta a dónde lo llevan, díganle: 'El Señor lo necesita'". Cuando los hombres regresaron con el burrito, pusieron sus abrigos encima de la espalda del burrito. Jesús se montó al burrito.

Leer y compartir juntos

¿Por qué crees que la gente tendía sus
abrigos por donde el burrito pasaba?
¿Quién ellos creían que era Jesús?

El burrito recorrió la ciudad. La gente tendía sus abrigos por donde el burrito pasaba. Tomaron ramas de palma y las agitaron en el aire. Gritaban: "¡Alabado sea Dios!"

Oración

Querido Señor, ayúdame a aprender la mejor manera de alabar tu nombre todos los días de mi vida. Amén.

JESÚS MUESTRA CÓMO SERVIR

Juan 13:1-17

Durante los últimos días de Jesús en la tierra, Él y sus seguidores más cercanos tuvieron juntos una cena. Era el tiempo de la fiesta de Pascua judía. Durante la cena, Jesús se levantó de la mesa,

Leer y compartir juntos

¿Qué estaban haciendo Jesús y sus seguidores?
Durante la cena, ¿qué hizo Jesús?

se quitó su abrigo, se ató una toalla a la cintura y echó agua en un recipiente grande. Luego comenzó a lavar los pies polvorientos, tal vez incluso malolientes de cada uno de sus amigos. Hizo esto para mostrarles cómo servirse los unos a los otros. Si Jesús, su líder, pudiera obrar como el siervo y lavar los pies de ellos, así también ellos podrían hacer cosas para ayudar y servir a los demás.

Oración

Querido Señor, si tú puedes ser un siervo de los demás, yo también. Ayúdame a encontrar maneras de servir a los demás. Amén.

LA PRIMERA CENA DEL SEÑOR

Mateo 26:26-29; 1 Corintios 11:23-25

Mientras Jesús y sus seguidores más cercanos comían la cena de Pascua, Jesús tomó un poco de pan y dio gracias a Dios. Partió el pan y dijo: "Tomen y coman. Hagan esto para recordarme". Luego tomó una copa y dijo: "Cuando beban este

jugo de la uva, recuérdenme". Jesús sabía que esta era su última cena con sus seguidores porque estaba a punto de ser asesinado. Él quería que sus seguidores lo recordaran siempre.

UN DÍA EN OSCURIDAD

Mateo 27:27–40, 45–54;
Marcos 15:25–27; Lucas 23:44–49; Hebreos 9

Los soldados de Pilato tomaron a Jesús y le pusieron una corona de espinas en la cabeza y se burlaron de él. Luego llevaron a Jesús fuera de la ciudad a un lugar llamado Gólgota para ser asesinado en una cruz. A las nueve de la mañana, los soldados clavaron a Jesús en la cruz. También pusieron dos ladrones al lado de Jesús, uno a la derecha y otro a la izquierda. Mientras Jesús estaba en la cruz, la tierra se oscureció desde el mediodía hasta las tres de la tarde. Entonces Jesús murió, y hubo un gran terremoto. Mientras la tierra temblaba, la gruesa cortina en el templo, entre el Lugar Santo y el Lugar Santísimo, se

Leer y compartir juntos

Cuando Jesús estaba en la cruz, ¿qué pasó a la luz del día?
¿De qué se dieron cuenta los soldados cuando Jesús murió?

rompió en dos, de arriba abajo. Ahora la gente podía ver dentro del Lugar Santísimo. Antes, sólo el sumo sacerdote podía entrar para verlo. Cuando los soldados de la cruz vieron lo que sucedió al morir Jesús, ¡se dieron cuenta de que realmente él era el Hijo de Dios!

Oración

Querido Señor, gracias por enviar a tu Hijo a morir por nuestros pecados, aunque fue muy triste y doloroso. Amén.

UNA GRAN SORPRESA

Mateo 28:1-10; Lucas 23:50-56

Un hombre rico, llamado José de Arimatea, tenía una nueva tumba donde había planeado usar para su entierro. Él bajó el cuerpo de Jesús de la cruz y lo puso en su propia tumba vacía. Los amigos de José y de Jesús envolvieron su cuerpo con una sábana de lino y lo pusieron cuidadosamente en la tumba. Los soldados romanos vinieron a custodiar la tumba. Ellos rodaron una piedra enorme a la entrada y la sellaron, de una manera sabrían si alguien intentaba mover la piedra. El día después de que Jesús fue enterrado fue un día santo, así que sus amigos tuvieron que quedarse en casa. Muy temprano el

Leer y compartir juntos

¿Dónde fue enterrado Jesús?

¿Qué encontraron las mujeres cuando visitaron
la tumba de Jesús al día siguiente?

domingo por la mañana, el primer día de la semana, las mujeres regresaron a la tumba. Fue el tercer día desde que Jesús murió. Cuando las mujeres llegaron allí, no podían creer lo que vieron. ¡La piedra había sido removida! ¡Un ángel de Dios quitó la piedra y se sentó sobre ella! Los soldados estaban tan asustados que quedaron como muertos.

Oración

Querido Señor, gracias por vencer a la muerte y por resucitar a Jesús de entre los muertos. ¡Alabado sea Dios, la piedra fue removida! Amén.

JESÚS SUBE AL CIELO

Lucas 24:13-53; Hechos 1:6-11

Después de la muerte de Jesús y su resurrección, él se apareció a muchas personas. Él quería que ellos creyeran que estaba vivo. Dos de los amigos de Jesús iban por el camino, y Jesús se acercó y comenzó a hablar con ellos. Entonces una noche Jesús apareció en una habitación donde muchos de sus amigos estaban reunidos. Él les dijo que dijeran a su familia, a sus amigos y vecinos e incluso a los extraños que él está vivo. Más tarde Jesús llevó a sus seguidores a un lugar fuera

Leer y compartir juntos

¿Por qué Jesús se apareció a sus amigos?
¿Qué sucedió a Jesús después de llevar a sus seguidores fuera de la ciudad?

de la ciudad. Jesús oró por sus seguidores, y mientras oraba, comenzó a subir al cielo. Entonces una nube lo ocultó de la vista de sus seguidores. Mientras todos estaban allí mirando al cielo, dos ángeles aparecieron al lado de ellos y dijeron: "Jesús ha sido llevado de entre ustedes al cielo. Vendrá otra vez de la misma manera que lo han visto irse".

Oración

Querido Señor, eres todopoderoso y maravilloso.
¡Tú quieres que todo el mundo sepa acerca de tu Hijo,
y yo quiero compartir las buenas nuevas! Amén.

EL ESPÍRITU DE DIOS VIENE PARA AYUDAR

Hechos 2:1-42

Después de que Jesús regresó al cielo, sus amigos y ayudantes se juntaron a orar en una habitación grande. De repente sucedió algo increíble. Primero sonó como si soplaba un viento fuerte. Después aparecieron como llamas de fuego sobre la cabeza de cada persona. Entonces vino el Espíritu de Dios,

Leer y compartir juntos

¿Qué se apareció sobre la cabeza de cada persona en la habitación grande?

¿Quién trajo un don de Dios a sus seguidores?

y todos comenzaron a hablar en diferentes idiomas. Este fue el don de Dios que Jesús había prometido a sus seguidores. El día en que el Espíritu de Dios vino sobre los seguidores de Jesús, hubo gente de muchos otros países en Jerusalén. Estas personas hablaban diferentes idiomas. Cuando ellas oyeron orar a los amigos de Jesús, fueron a ver de qué estaba pasando. Encontraron a los amigos de Jesús hablando acerca de las grandes cosas que Dios había hecho. Pero todas ellas se sorprendieron al oírlo en su propio idioma. "¿Qué significa esto?", ellas preguntaron.

Oración

Querido Señor, tú nos has bendecido
con tus maravillosos dones.
Por favor, ayúdame a saber cómo usar el mío. Amén.

PEDRO EN LA CÁRCEL

Hechos 12:1-8

Un día el malvado rey Herodes puso a Pedro, uno de los seguidores de Jesús, en la cárcel. El rey puso dieciséis soldados para vigilar a Pedro para que no pudiera escapar. Esa noche un ángel entró en la cárcel de Pedro. "¡Date prisa! ¡Levántate!", dijo el ángel. "Sígueme." Pedro pensó que debía estar soñando... pero no estaba. Las cadenas cayeron de las manos de Pedro, y el ángel lo llevó más allá de los guardias. Cuando llegaron al portón de hierro de la cárcel, se abrió por sí solo, y Pedro fue libre.

Leer y compartir juntos

¿Quién visitó a Pedro en la cárcel?

¿Cómo escapó Pedro de la cárcel?

Oración

Querido Señor, liberaste a Pedro de la cárcel.
Gracias por liberarnos de diversas maneras. Amén.

CIELO Y TIERRA NUEVOS

Juan 14:1-2; Apocalipsis 21

Un día Jesús habló con sus amigos y seguidores sobre el cielo. Dijo: "No se angustien. Confíen en Dios, y confíen también en mí. En el hogar de mi Padre hay muchas viviendas; si no fuera así, ya se lo habría dicho a ustedes. Voy a prepararles un lugar". Dios promete que en el cielo nadie

Leer y compartir juntos

¿Qué dijo Jesús que iba a hacer
por nosotros en el cielo?
¿Estaremos tristes en el cielo?

volverá a estar triste. Nadie volverá a enfermarse. Todo será más maravilloso de lo que jamás hemos imaginado. Y seremos felices allí para siempre.

Oración

Querido Señor, gracias por tu promesa acerca del cielo. Sé que tienes muchas cosas que quieres que yo haga primero en esta vida. Pero es tan bueno saber que tienes un lugar preparado para mí. Amén.